Impressum
Verlag: BABADADA GmbH, Nedderfeld 112 , 22529 Hamburg
Geschäftsführer / Verlagsleitung: Harald Hof
Druck: Books on Demand GmbH, In de Tarpen 42, 22848 Norderstedt

Imprint
Publisher: BABADADA GmbH, Nedderfeld 112 , 22529 Hamburg, Germany
Managing Director / Publishing direction: Harald Hof
Print: Books on Demand GmbH, In de Tarpen 42, 22848 Norderstedt, Germany

1

School
škola

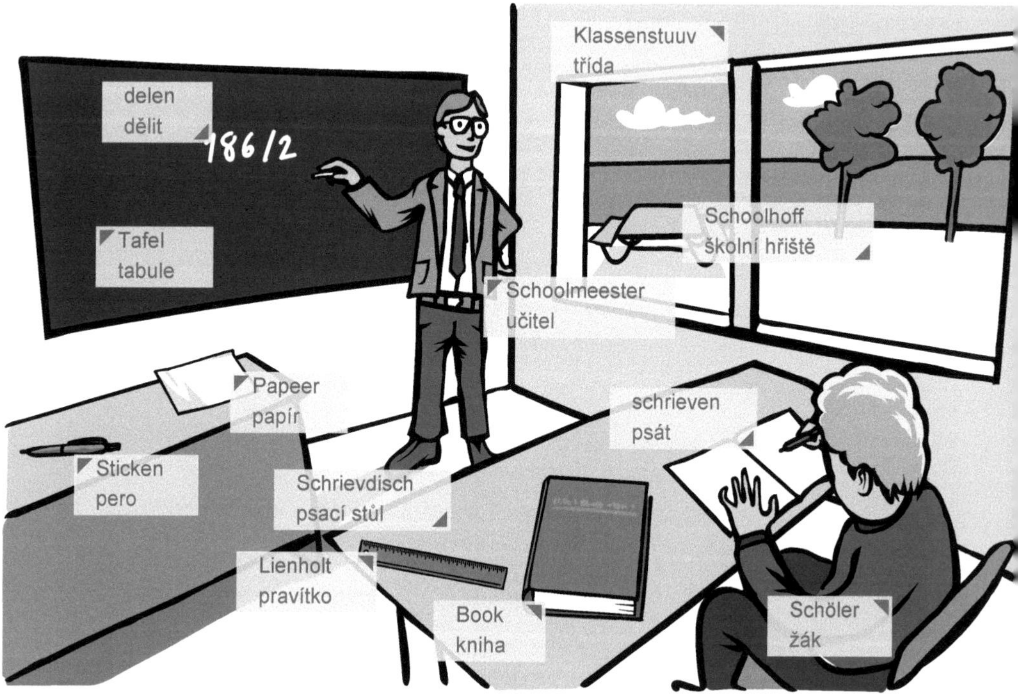
Klassenstuuv
třída
delen
dělit
186/2
Tafel
tabule
Schoolhoff
školní hřiště
Schoolmeester
učitel
Papeer
papír
schrieven
psát
Sticken
pero
Schrievdisch
psací stůl
Lienholt
pravítko
Book
kniha
Schöler
žák

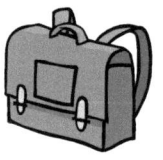

Ranzel
aktovka

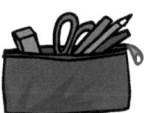

Feddermapp
penál

Bleesticken
tužka

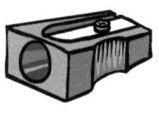

Scharpmaker
ořezávátko

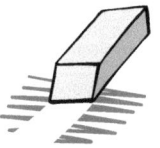

Radeergummi
guma

Tekenblock
blok na kreslení

Teken

výkres

Pinsel

štětec

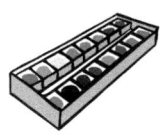

Malkassen

malířské potřeby

Scheer

nůžky

Klever

lepidlo

Heft to'n Öven

cvičebnice

Huusopgaav

domácí úkol

Tall

počet

tohooptellen

sčítat

aftrecken

odčítat

malnehmen

násobit

reken

počítat

Bookstaav

písmeno

ABC

abeceda

hello

Woort

slovo

Text

text

lesen

číst

Kried

křída

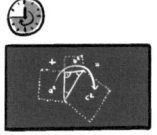

Stunn

hodina

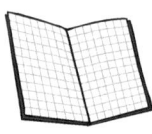

Klassenbook

třídní kniha

Pröven

zkouška

Tüügnis

vysvědčení

Schooluniform

školní uniforma

Utbillen

vzdělání

Nakieksel

encyklopedie

Universität

univerzita

Mikroskop

mikroskop

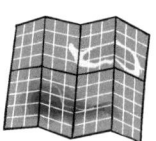

Koort

karta

Papeerkorf

odpadkový koš na papír

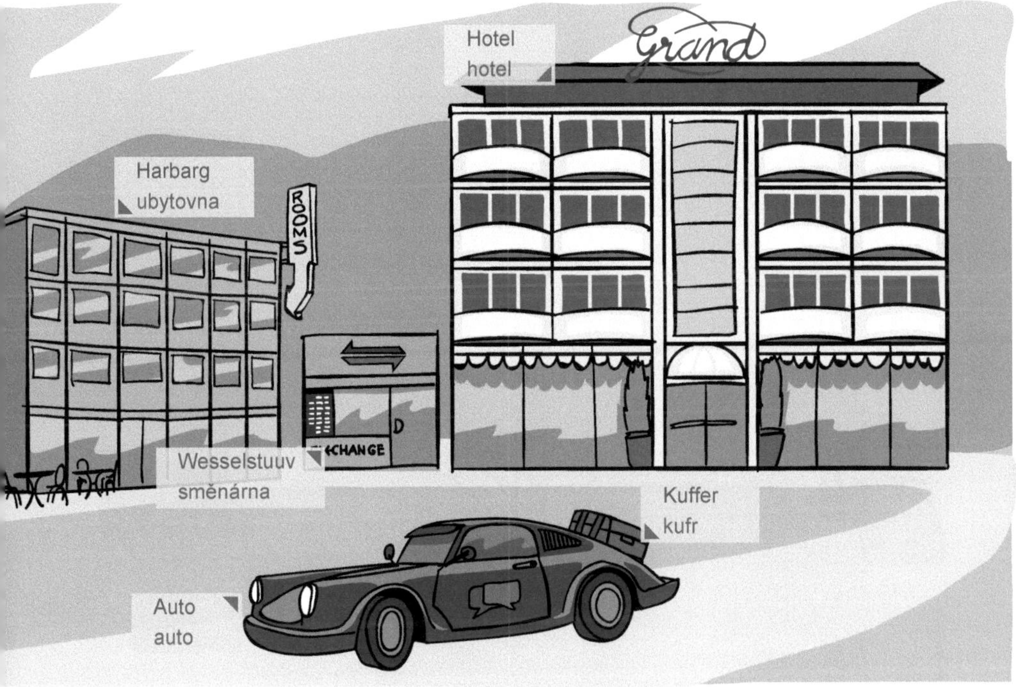

Hotel
hotel
Grand
Harbarg
ubytovna
ROOMS
EXCHANGE
Wesselstuuv
směnárna
Kuffer
kufr
Auto
auto

Spraak
jazyk

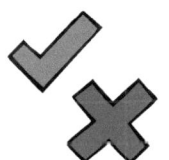

jo / ne
ano / ne

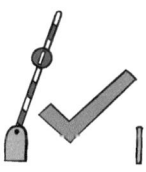

Jo
oukej

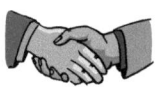

Moin
Ahoj!

Översetter
překladatel

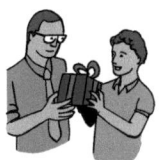

Dank ok
děkuji

Wat kost…?

Kolik stojí…?

Ik verstah nich

nerozumím

Problem

problém

Goden Avend

Dobrý večer!

Moin!

Dobré ráno!

Gode Nacht!

Dobrou noc!

Tschüüs

na shledanou

Richt

směr

Bagaasch

zavazadlo

Tasch

taška

Rüchsack

batoh

Gast

host

Stuuv

pokoj

Slaapsack

spací pytel

Telt

stan

Törn - cesta

Touristeninformatschoon

turistické informace

Strand

pláž

Kreditkoort

kreditní karta

Fröhstück

snídaně

Meddageten

oběd

Avendeten

večeře

Fohrkort

jízdenka

Fohrstohl

výtah

Breefmark

poštovní známka

Grenz

hranice

Toll

clo

Bottschop

poselství

Visum

vízum

Pass

pas

Transport
transport

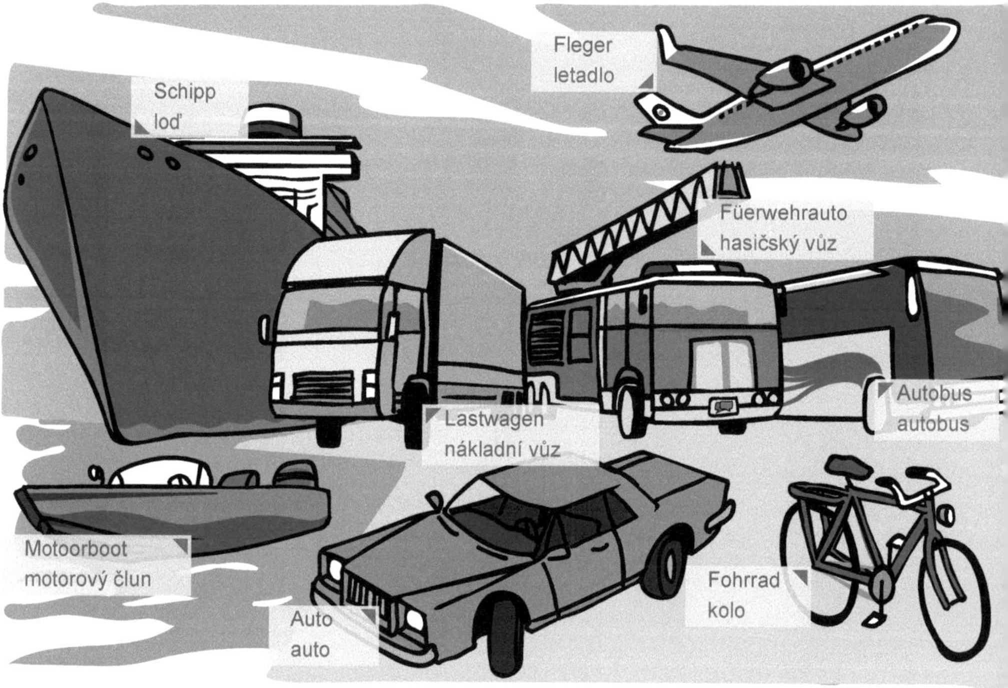

Schipp
loď
Fleger
letadlo
Füerwehrauto
hasičský vůz
Lastwagen
nákladní vůz
Autobus
autobus
Motoorboot
motorový člun
Fohrrad
kolo
Auto
auto

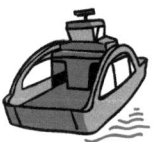

Fähr

přívoz

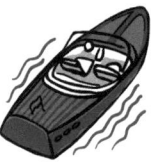

Boot

člun

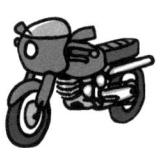

Motoorrad

motorka

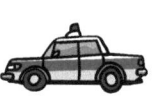

Polizeiauto

policejní auto

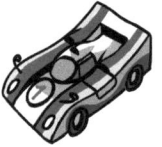

Rönnauto

závodní auto

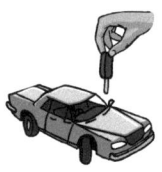

Lehnwagen

pronajaté auto

Carsharing

sdílení aut

Afsleepwagen

odtahová služba

Müllauto

popelářský vůz

Motoor

motor

Kraftstoff

palivo

Tanksteed

čerpací stanice

Verkehrsschild

dopravní značka

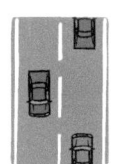

Verkehr

doprava

Stau

dopravní zácpa

Afstellplatz

parkoviště

Bahnhoff

vlakové nádraží

Sporen

koleje

Tog

vlak

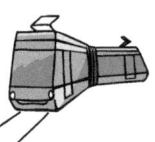

Stratenbahn

tramvaj

Wagon

vagón

Dwarsmöhl

helikoptéra

Flooghaven

letiště

Tower

věž

Fohrgast

pasažér

Grootkist

kontejner

Karton

kartón

Koor

trakař

Korf

koš

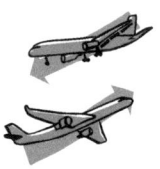

starten / lannen

vzlétnout / přistát

Stadt
město

Dörp

vesnice

Binnenstadt

střed města

Huus

dům

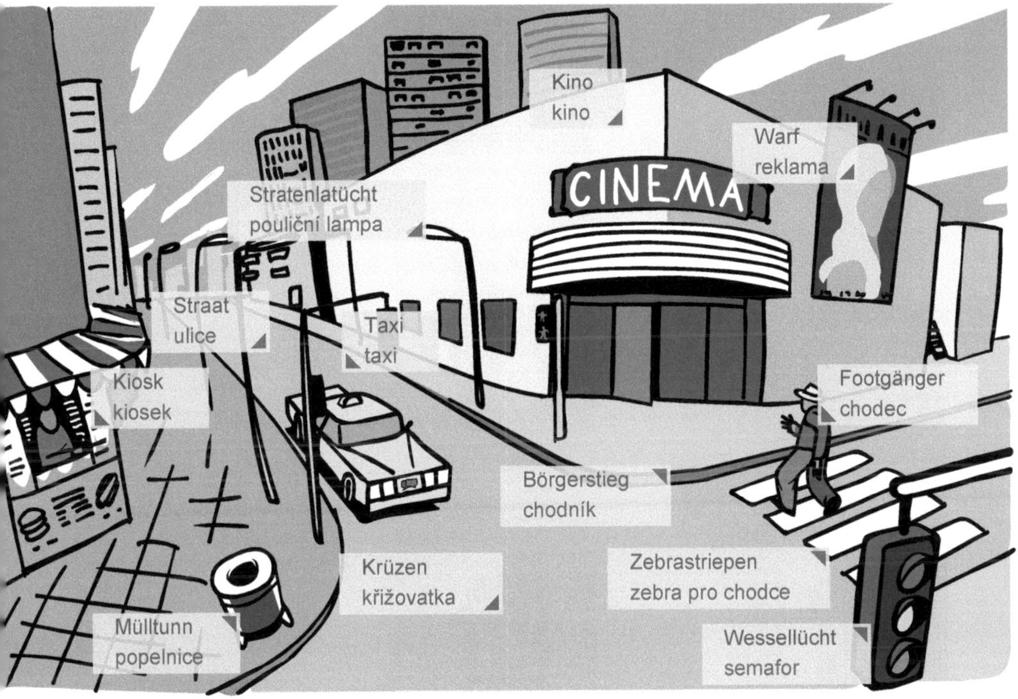

Kino
kino

Warf
reklama

Stratenlatücht
pouliční lampa

CINEMA

Straat
ulice

Taxi
taxi

Footgänger
chodec

Kiosk
kiosek

Börgerstieg
chodník

Krüzen
křižovatka

Zebrastriepen
zebra pro chodce

Mülltunn
popelnice

Wessellücht
semafor

Hütt
....
chata

Wahnung
....
byt

Bahnhoff
....
vlakové nádraží

Raathuus
....
radnice

Museum
....
muzeum

School
....
škola

Universität

univerzita

Bank

banka

Krankenhuus

nemocnice

Hotel

hotel

Afteek

lékárna

Büro

kancelář

Bookhökerie

knihkupectví

Hökerie

obchod

Blomenhökerie

květinářství

Supermarkt

supermarket

Markt

tržnice

Koophuus

obchodní dům

Fischhökerie

rybárna

Inkoopszentrum

nákupní centrum

Haven

přístav

Parkanlaag

park

Bank

lavička

Brüch

most

Trepp

schody

Ünnergrundbahn

metro

Tunnel

tunel

Busstoppsteed

autobusová zastávka

Bar

bar

Spieslokal

restaurace

Breefkassen

poštovní schránka

Stratenschild

pouliční tabule

Parkklock

parkovací hodiny

Deertenpark

zoo

Baadanstalt

plovárna

Moschee

mešita

Buernhoff

usedlost

Ümweltversmudden

znečišťování životního
prostředí

Karkhoff

hřbitov

Kark

církev

Speelplatz

hřiště

Tempel

chrám

Landschop
krajina

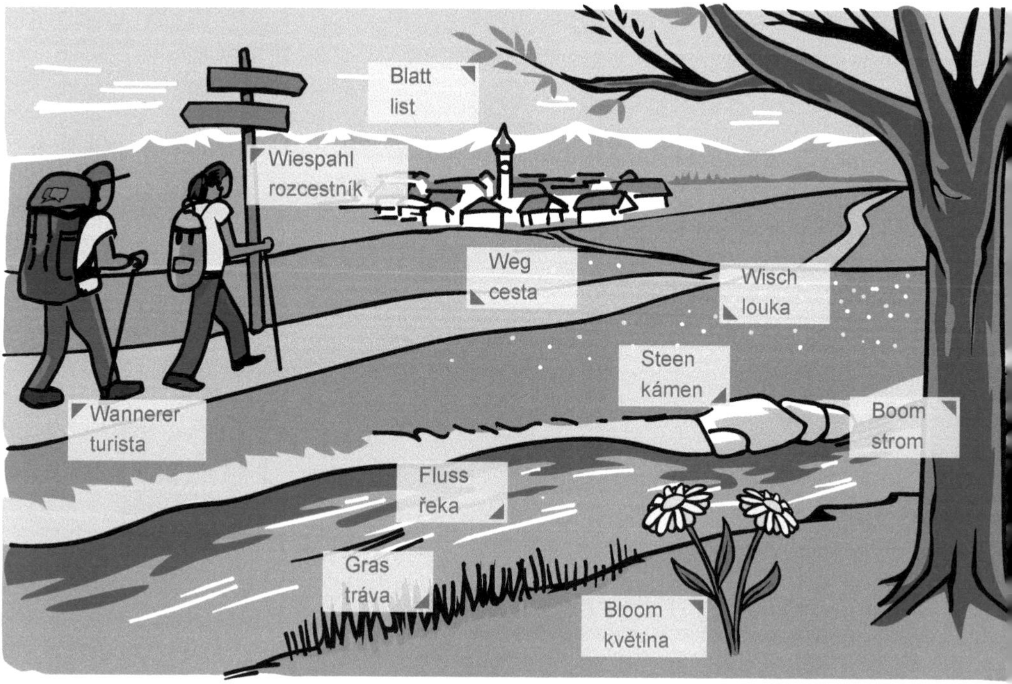

Blatt
list

Wiespahl
rozcestník

Weg
cesta

Wisch
louka

Steen
kámen

Wannerer
turista

Boom
strom

Fluss
řeka

Gras
tráva

Bloom
květina

Daal

údolí

Barg

hora

See

jezero

Holt

les

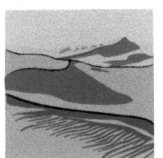

Wööst

poušť

Füerspien Barg

sopka

Slott

zámek

Regenbagen

duha

Poggenstohl

houba

Palm

palma

Steekmück

komár

Flccg

moucha

Miegeemk

mravenec

Imm

včela

Spinn

pavouk

Sebber

brouk

Pogg

žába

Katteker

veverka

Swienegel

ježek

Haas

zajíc

Uul

sova

Vagel

pták

Swaan

labuť

Wildswien

divoké prase

Hirsch

jelen

Elk

los

Staudamm

přehrada

Windrad

větrné kolo

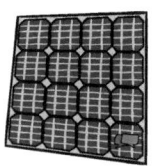

Solarmodul

solární panel

Klima

podnebí

Spieslokal
restaurace

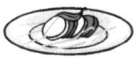

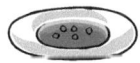

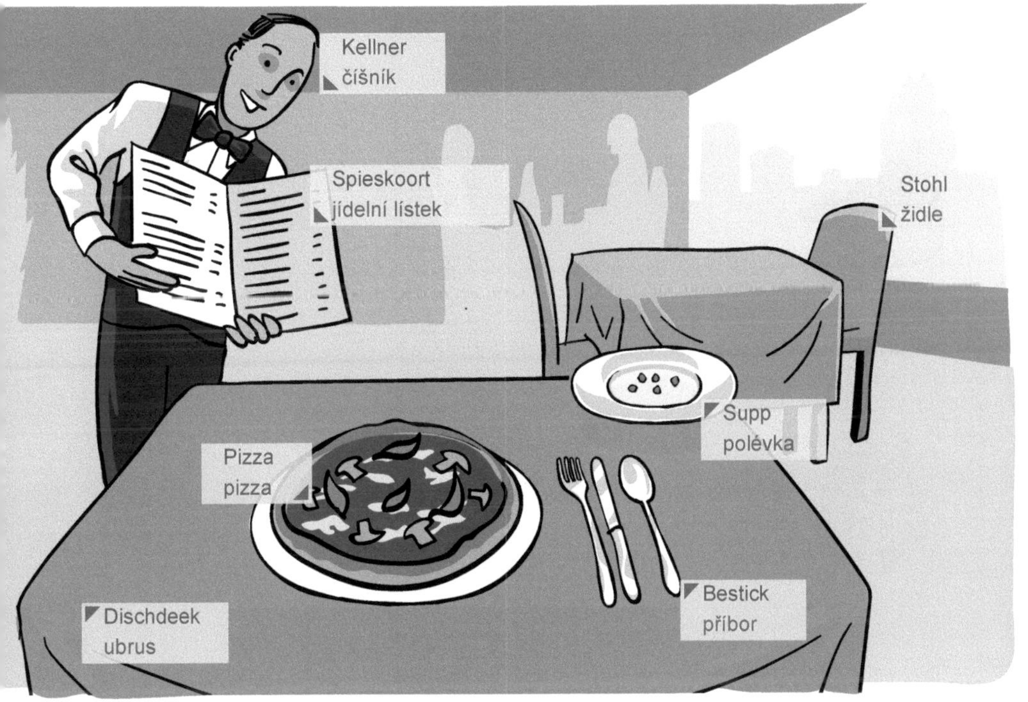
Kellner
číšník
Spieskoort
jídelní lístek
Stohl
židle
Supp
polévka
Pizza
pizza
Bestick
příbor
Dischdeek
ubrus

Vörspies

předkrm

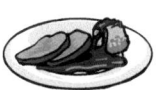

Haupteten

hlavní chod

Nadisch

dezert

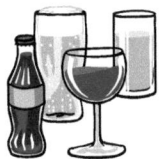

Drünk

nápoje

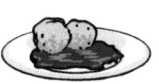

Eten

jídlo

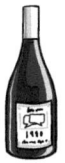

Buddel

láhev

Fastfood

rychlé občerstvení

Strateneten

pouliční občerstvení

Teekann

čajová konvice

Zuckerdoos

cukřenka

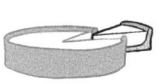

Portschoon

porce

Espressomaschien

kávovar na espresso

Hoochstohl

dětská stolička

Reken

faktura

Tablett

tác

Mess

nůž

Gavel

vidlička

Lepel

lžíce

Teelepel

čajová lyžička

Munddook

ubrousek

Glas

sklenička

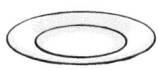

Töller

talíř

Suppentöller

talíř na polévku

Ünnertass

podšálek

Sooß

omáčka

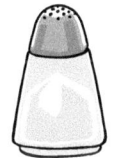

Soltstreuer

slánka

Pepermöhl

mlýnek na pepř

Etig

ocet

Ööl

olej

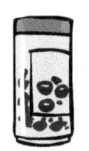

Krüder

koření

Ketchup

kečup

Mostrich

hořčice

Mayonnaise

majonéza

Supermarkt
supermarket

Anbott
nabídka
FOR
Kunn
zákazník
Melkprodukten
mléčné výrobky
Aaft
ovoce
Inkoopswagen
nákupní vozík

BUTCHERS

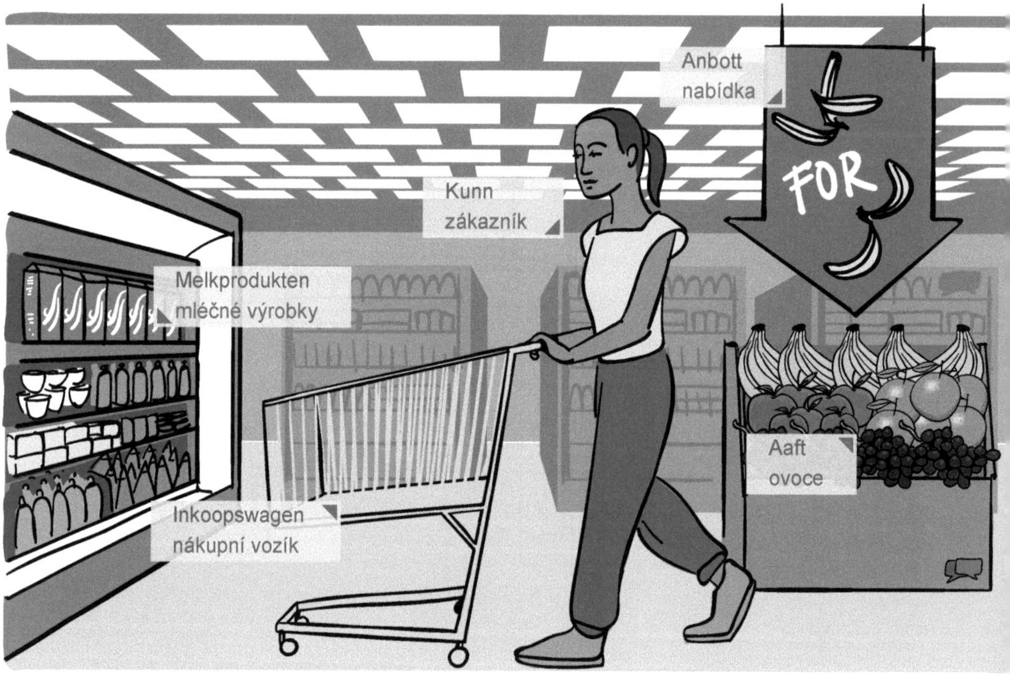

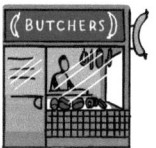

Slachterie

masna

BAKERY

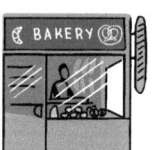

Bäckerie

pekařství

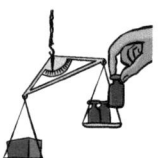

wegen

vážit

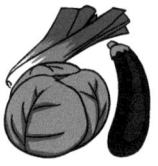

Gröönsaken

zelenina

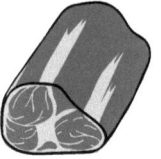

Fleesch

maso

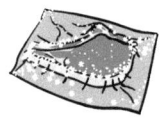

Deepköhlkost

mražené potraviny

Opsnitt

obložený talíř

Konserven

konzervy

Waschmiddel

prací prášek

Snoopkraam

cukrovinky

Huushooltssaken

výrobky pro domácnost

Reinmaaktüüch

čisticí prostředek

Verköpersche

prodavačka

Kass

pokladna

Kasserer

pokladní

Inkoopslist

nákupní seznam

Opsparrtieden

otevírací doba

Breeftasch

peněženka

Kreditkoort

kreditní karta

Tasch

taška

Plastiktüüt

igelitová taška

Water
voda

Saft
džus

Melk
mléko

Cola
kola

Wien
víno

Beer
pivo

Spriet
alkohol

Kakao
kakao

Tee
čaj

Koffie
káva

Espresso
espresso

Cappucino
kapučíno

Banaan

banán

Appel

jablko

Appelsien

pomeranč

Meloon

meloun

Zitroon

citrón

Wöttel

mrkev

Knuuvlook

česnek

Bambus

bambus

Zibbel

cibule

Poggenstohl

houba

Nööt

ořechy

Nudeln

těstoviny

Spaghetti	Ries	Salat
špageti	rýže	salát

Pommes frites	Braadkantüffeln	Pizza
hranolky	americké brambory	pizza

Hamborger	Sandwich	Snitzel
hamburger	sendvič	řízek
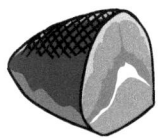		
Schinken	Salami	Wust
šunka	salám	salám

Hohn	Braden	Fisch
kuře	pečeně	ryby

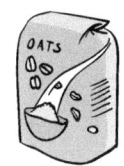

Haverflocken

ovesné vločky

Müsli

müsli

Cornflakes

vločky

Mehl

mouka

Croissant

croissant

Rundstück

houska

Broot

chléb

Toast

toast

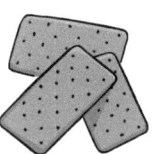

Keksen

sušenky

Botter

máslo

Quark

tvaroh

Koken

buchta

Ei

vejce

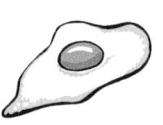

Spegelei

volské oko

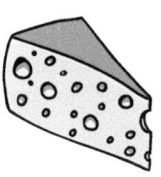

Kees

sýr

Ies

zmrzlina

Zucker

cukr

Honnig

med

Marmelaad

marmeláda

Nougat-Creme

nugátový krém

Curry

kari

Buernhoff
usedlost

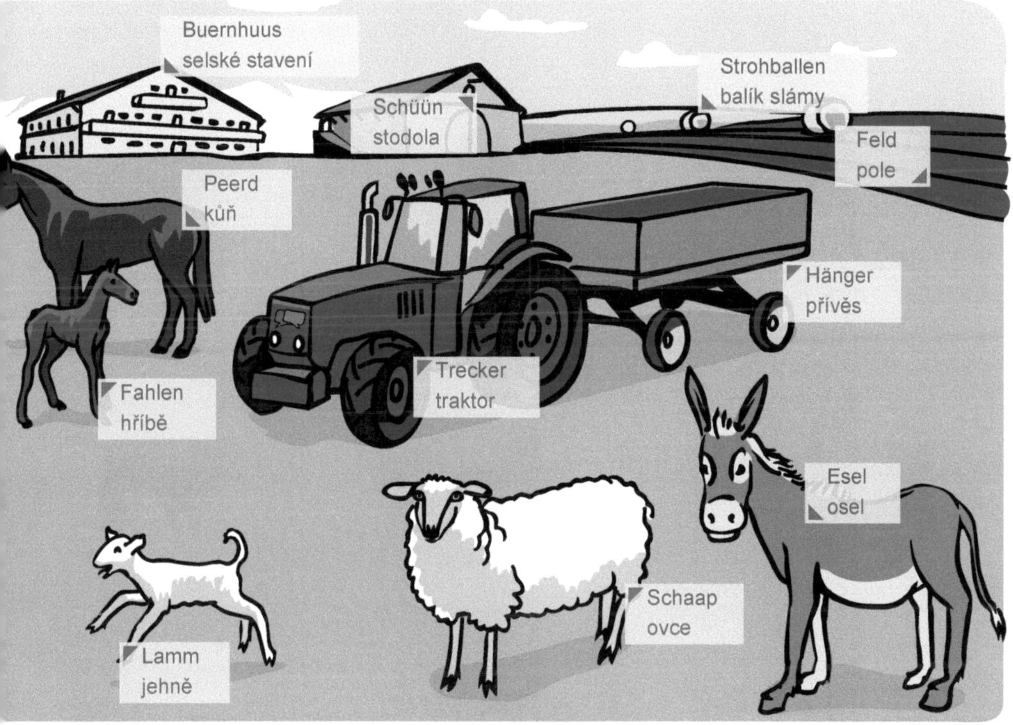
Buernhuus
selské stavení
Schüün
stodola
Strohballen
balík slámy
Feld
pole
Peerd
kůň
Hänger
přívěs
Trecker
traktor
Fahlen
hříbě
Esel
osel
Schaap
ovce
Lamm
jehně

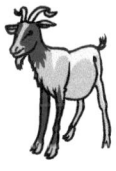

Zeeg

koza

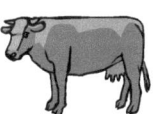

Koh

kráva

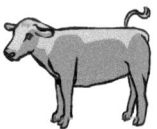

Kalf

tele

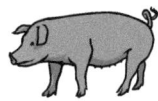

Swien

prase

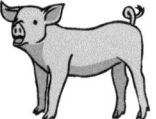

Farken

sele

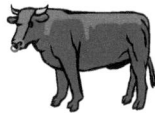

Bull

býk

Goos

husa

Aant

kachna

Küken

kuře

Hohn

slepice

Hahn

kohout

Rott

krysa

Katt

kočka

Muus

myš

Oss

vůl

Hund

pes

Hunnenhütt

psí bouda

Goornslauch

zahradní hadice

Geetkann

kropicí konev

Lee

kosa

Ploog

pluh

Sich

srp

Hack

motyka

Mestfork

vidle

Ext

sekera

Schuufkoor

kolecko

Trog

koryto

Melkkann

konev na mléko

Sack

pytel

Tuun

plot

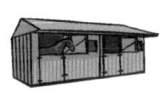

Stall

stáj

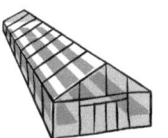

Drievhuus

skleník

Bodden

půda

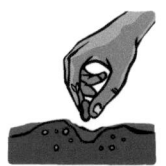

Saat

osivo

Dünger

hnojivo

Meihdöscher

kombajn

oornen

sklidit

Oorn

sklizeň

Yamswöttel

smldinec

Weten

pšenice

Soja

sója

Kantüffel

brambora

Törksche Weten

kukuřice

Rapp

řepka

Aaftboom

ovocný strom

Troopsch Kantüffel

maniok

Koorn

obilí

Huus
dům

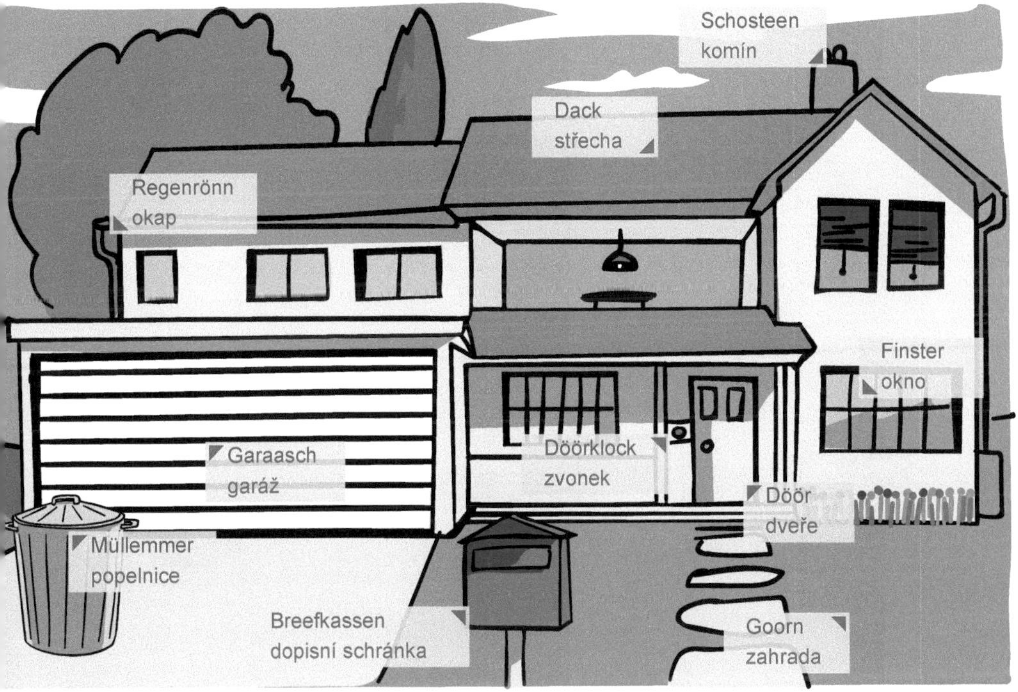

Schosteen
komín
Dack
střecha
Regenrönn
okap
Finster
okno
Garaasch
garáž
Döörklock
zvonek
Döör
dveře
Müllemmer
popelnice
Breefkassen
dopisní schránka
Goorn
zahrada

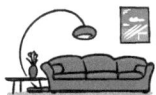

Wahnstuuv
obývací pokoj

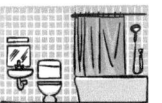

Baadstuuv
koupelna

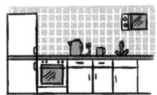

Köök
kuchyně

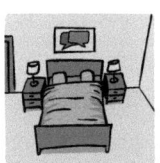

Slaapstuuv
ložnice

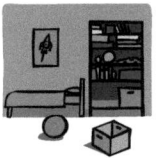

Kinnerstuuv
dětský pokoj

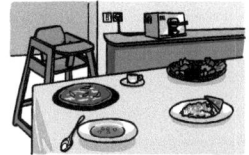

Eetstuuv
jídelna

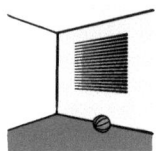

Footbodden

podlaha

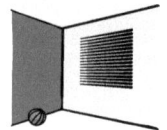

Wand

zeď

Deek

deka

Keller

sklep

Hittluftbad

sauna

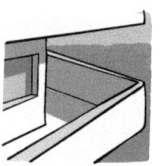

Balkon

balkón

Terrass

terasa

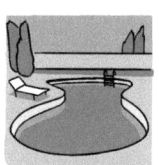

Swümmbad

bazén

Rasenmeiher

sekačka na trávu

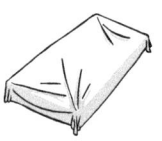

Bettbetog

ložní prádlo

Bettdeek

lůžková přikrývka

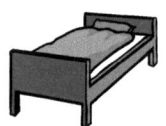

Puuch

postel

Bessen

smeták

Emmer

kýbl

Schalter

vypínač

Wahnstuuv
obývací pokoj

Tapeet
tapeta
Bild
obrázek
Lamp
žárovka
Regal
police
Schapp
skříň
Kiekkassen
televizor
Kamin
komín
Bloom
květina
Küssen
polštář
Sofa
gauč
Vaas
váza
Feernbedenen
dálkový ovladač

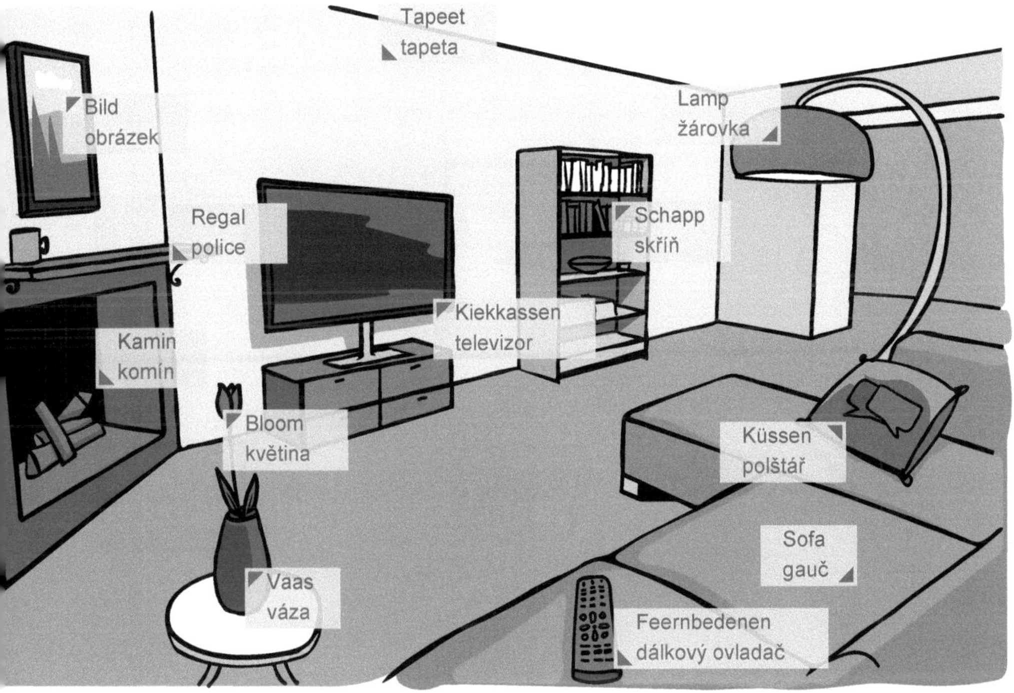

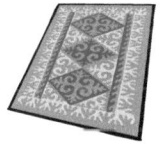

Teppich

koberec

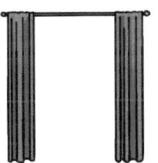

Vörhang

závěs

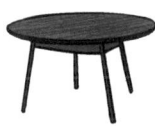

Disch

stůl

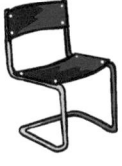

Stohl

židle

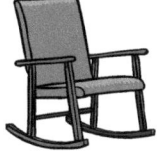

Schuckelstohl

houpací křeslo

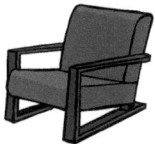

Sessel

křeslo

Book
kniha

Deek
strop

Dekoratschoon
ozdoba

Füerholt
palivové dříví

Film
film

Stereoanlaag
stereo souprava

Slötel
klíč

Narichtenblatt
noviny

Gemälde
malba

Poster
plakát

Radio
rádio

Opschrievblock
poznámkový blok

Huulbessen
vysavač

Kaktus
kaktus

Kars
svíce

Köök
kuchyně

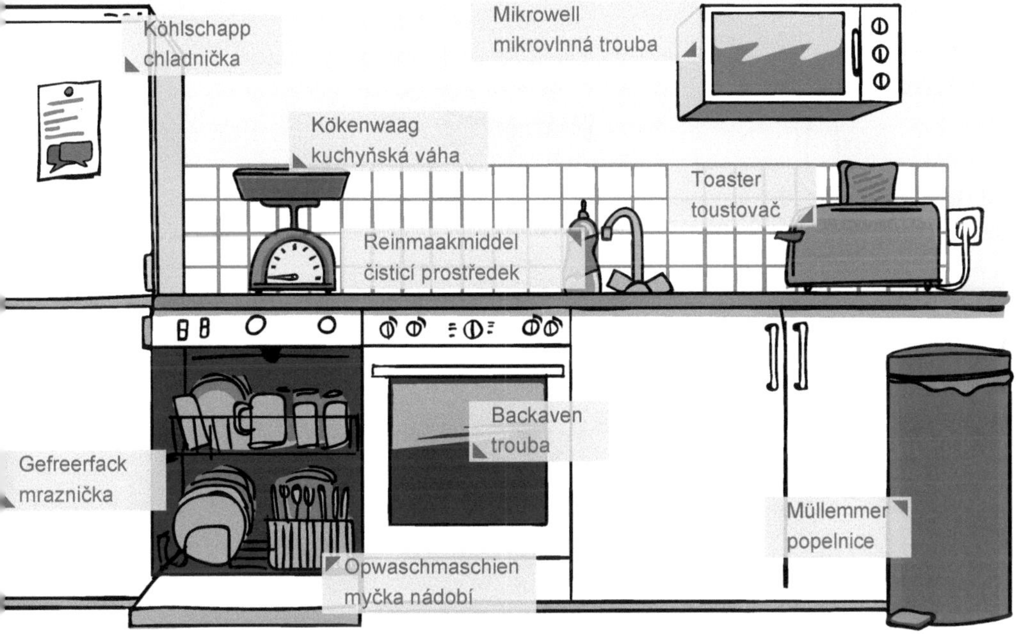
Köhlschapp
chladnička
Mikrowell
mikrovlnná trouba
Kökenwaag
kuchyňská váha
Toaster
toustovač
Reinmaakmiddel
čisticí prostředek
Backaven
trouba
Gefreerfack
mraznička
Müllemmer
popelnice
Opwaschmaschien
myčka nádobí

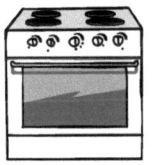

Heerd
sporák

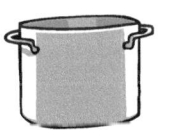

Pott
hrnec

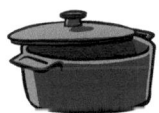

Gussiesern Putt
litinový hrnec

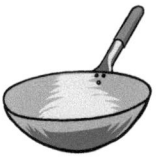

Wok / Kadai
wok / kadai

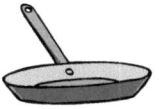

Pann
pánev

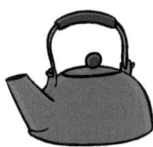

Waterkaker
varná konvice

Dampkaakputt

parní hrnec

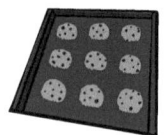

Backblick

plech na pečení

Geschirr

nádobí

Beker

hrnek

Schaal

miska

Eetsticken

jídelní hůlky

Suppenkell

naběračka

Pannenwenner

obracečka

Sneebessen

metla

Kaakseef

síto

Seef

cedník

Riev

struhadlo

Mörser

hmoždíř

Grill

gril

Füerstell

ohniště

Sniedbrett

prkénko na krájení

Nudelholt

váleček na těsto

Proppentrecker

vývrtka

Doos

dóza

Dosenaapner

otvírák na konzervy

Pottlappen

chňapka

Waschbecken

umyvadlo

Böst

kartáč na nádobí

Swamm

houba

Mixer

mixér

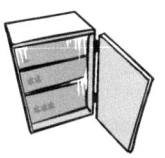

lesschapp

mrazák

Nuckelbuddel

dětská lahev

Waterhahn

kohoutek

Köök - kuchyně

Baadstuuv

koupelna

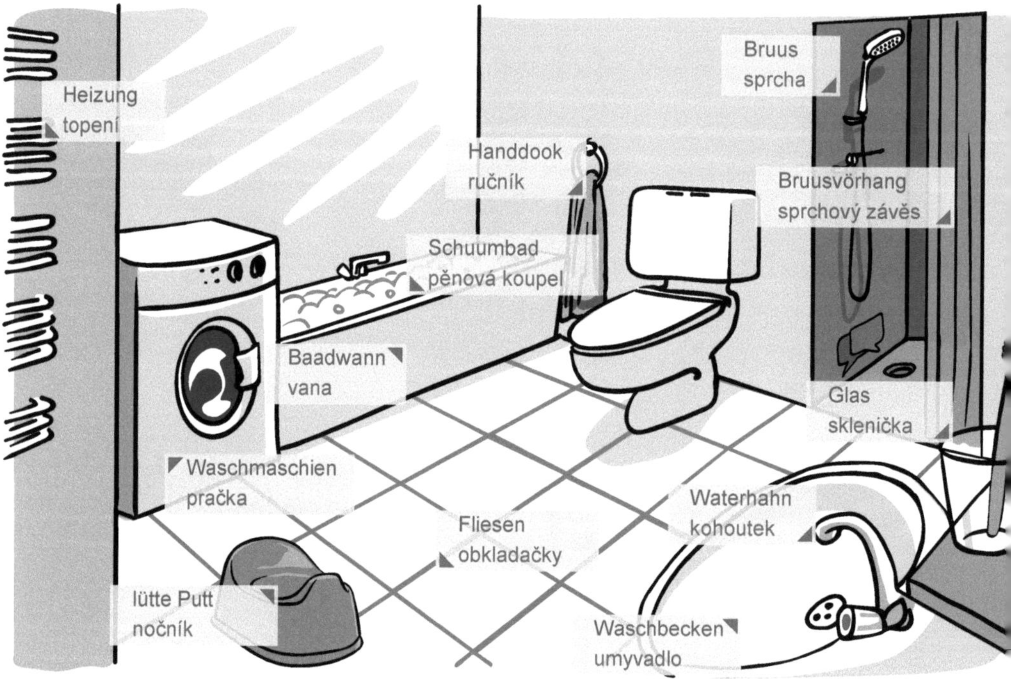
Bruus
sprcha
Heizung
topení
Handdook
ručník
Bruusvörhang
sprchový závěs
Schuumbad
pěnová koupel
Baadwann
vana
Glas
sklenička
Waschmaschien
pračka
Waterhahn
kohoutek
Fliesen
obkladačky
lütte Putt
nočník
Waschbecken
umyvadlo

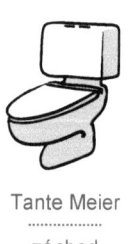

Tante Meier
záchod

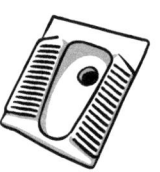

Hockklo
turecký záchod

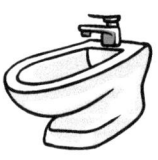

Bidet
bidet

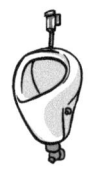

Miegbecken
pisoár

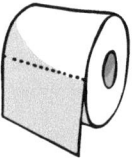

Klopapeer
toaletní papír

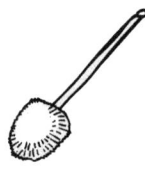

Kloböst
záchodová štětka

Tähnböst

zubní kartáček

Tähnpast

zubní pasta

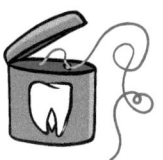

Tähnsied

zubní niť

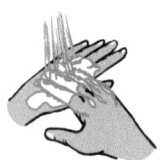

waschen

mýt

Handbruus

ruční sprcha

Intimbruus

intimní sprcha

Waschschöttel

umyvadlo

Rüchböst

kartáč na záda

Seep

mýdlo

Bruusgeel

sprchový gel

Hoorwaschmiddel

šampón

Waschlappen

žínka

Afloop

odpad

Creme

krém

Deodorant

deodorant

Spegel

zrcadlo

Kosmetikspegel

kosmetické zrcátko

Raserer

holicí strojek

Raseerschuum

pěna na holení

Raseerwater

voda po holení

Kamm

hřeben

Böst

kartáč

Hoordröger

fén

Hoorspray

lak na vlasy

Smink

makeup

Lippensticken

rtěnka

Nagellack

lak na nehty

Watt

vata

Nagelscheer

nůžky na nehty

Rüükwater

parfém

Kulturbüdel
....
ška s toaletními potřebami

Schemel
....
stolička

Waag
....
váha

Baadmantel
....
župan

Gummihanschen
....
gumové rukavice

Tampon
....
tampón

Damenbinn
....
dámská vložka

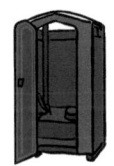

Chemieklo
....
chemická toaleta

Kinnerstuuv
dětský pokoj

Wecker
budík
Knudeldeert
plyšová hračka
Speeltüüchauto
autíčko
Klöter
chrastítko
Poppenhuus
domeček pro panenky
Geschenk
dárek

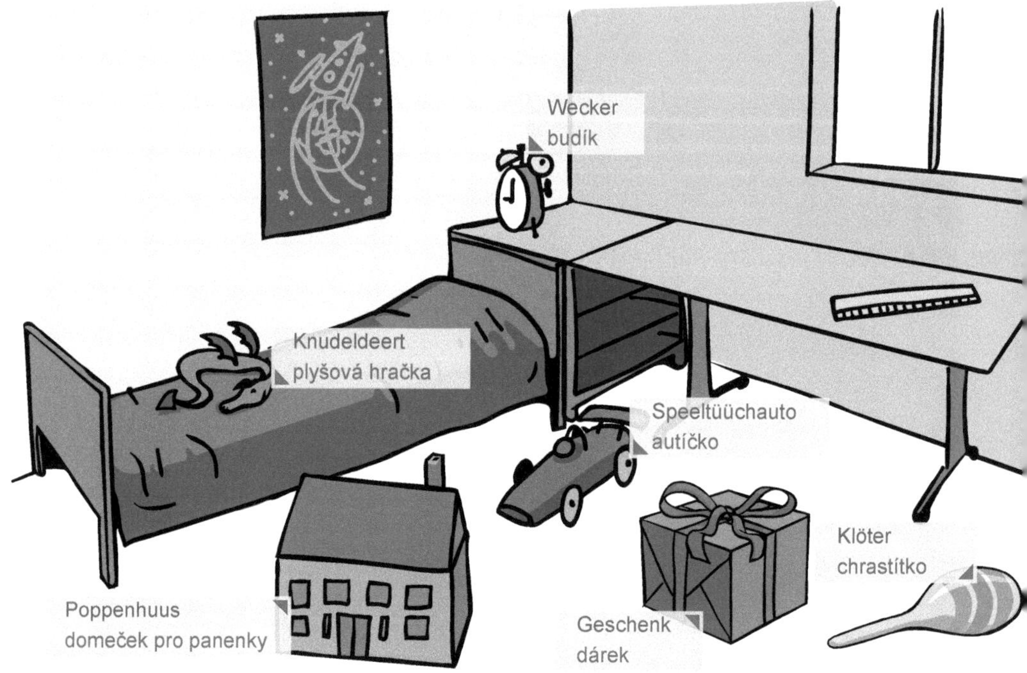

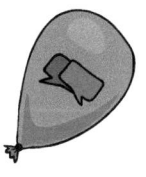

Luftballon
balón

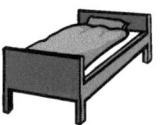

Puuch
postel

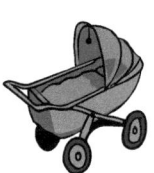

Kinnerwagen
kočárek

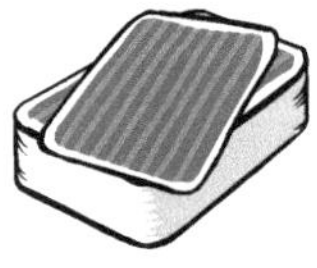

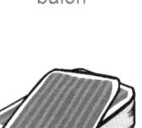

Koortenspeel
balíček karet

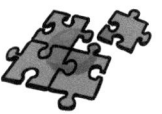

Puzzle
puzzle

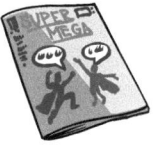

Billergeschicht
komiks

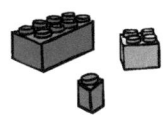

Legostenen

lego kostky

Bustenen

stavebnice

Action-Figur

akční figurka

Strampelantog

dupačky

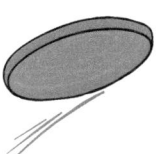

Frisbeeschiev

frisbee

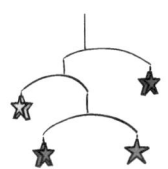

Mobile

závěsné hračky nad
postýlku

Brettspeel

desková hra

Wörpel

kostky

Modelliesenbahn

modelová železnice

Snuller

dudlík

Party

oslava

Billerbook

obrázková kniha

Ball

míč

Popp

panenka

spelen

hrát si

Sandkassen

pískoviště

Schuckel

houpačka

Speeltüüch

hračky

Speelkonsool

hrací konzole

Dreerad

tříkolka

Teddyboor

medvídek

Klederschapp

šatník

Tüüch

oblečení

Socken

ponožky

Strümp

punčochy

Strumpbüx

punčochové kalhoty

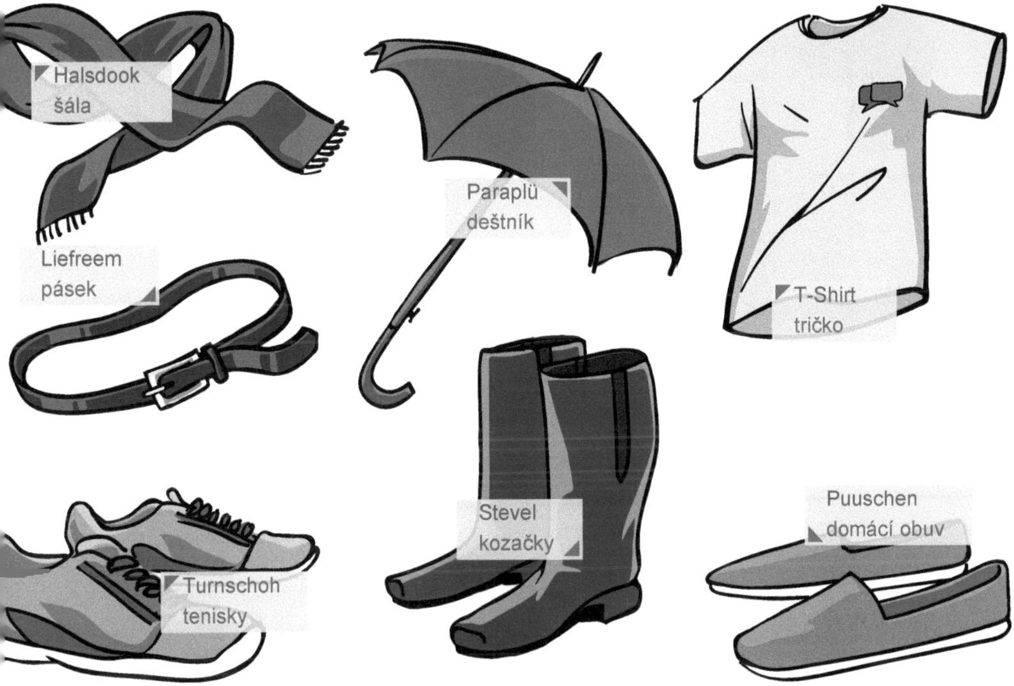

Halsdook
šála

Liefreem
pásek

Paraplü
deštník

T-Shirt
tričko

Stevel
kozačky

Puuschen
domácí obuv

Turnschoh
tenisky

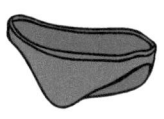

Sandalen

sandály

Schoh

obuv

Gummistevel

holínky

Ünnerbüx

spodní prádlo

Bostholler

podprsenka

Ünnerhemd

nátělník

Lief
body

Büx
kalhoty

Jeansnüx
džíny

Rock
sukně

Bluus
blůza

Hemd
košile

Pullover
svetr

Kapuzenpullover
mikina

Blazer
blejzr

Jack
bunda

Mantel
kabát

Övertrecker
pláštěnka

Kostüm
kostým

Kleed
šaty

Hochtietskleed
svatební šaty

Antog

oblek

Nachtkleed

noční košile

Slaapantog

pyžamo

Sari

sárí

Koppdook

šátek na hlavu

Turban

turban

Burka

burka

Kaftan

kaftan

Abaya

abája

Baadantoq

plavky

Baadbüx

pánské plavky

Korte Büx

kraťasy

Antog to'n Öven

tepláková souprava

Schört

zástěra

Handschoh

rukavice

Knopp
knoflík

Brill
brýle

Armband
náramek

Halskeed
náhrdelník

Ring
prsten

Ohrbummel
náušnice

Mütz
čepice

Klederbögel
ramínko

Hoot
klobouk

Binner
kravata

Rietslüter
zip

Helm
helma

Drachtband
kšandy

Schooluniform
školní uniforma

Uniform
uniforma

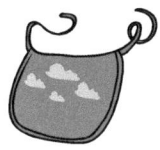

Severböten

bryndák

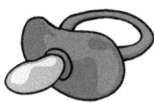

Snuller

dudlík

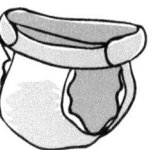

Winnel

plena

Büro
kancelář

Server
server
Aktenschapp
kartotéka
Drucker
tiskárna
Papeer
papír
Bildschirm
monitor
Schrievdisch
psací stůl
Muus
myš
Orner
šanon
Knoopboord
klávesnice
Papeerkorf
odpadkový koš na papír
Stohl
židle
Computer
počítač

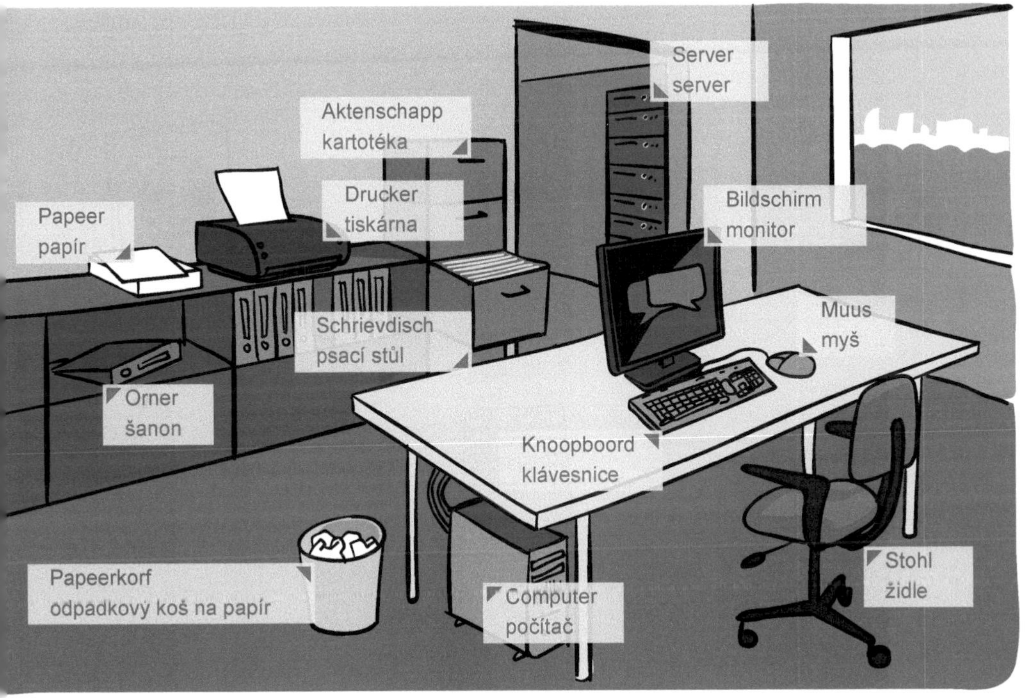

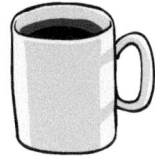

Koffiebeker

hrnek na kávu

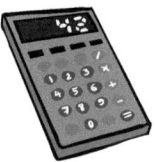

Taschenreekner

kalkulačka

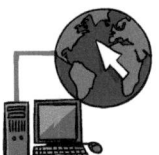

Internet

internet

Klappreekner

notebook

Breef

dopis

Naricht

zpráva

Ackersnacker

mobil

Nettwark

síť

Kopeerapparat

kopírka

Software

software

Klöönkassen

telefon

Steekdoos

zásuvka

Faxapparat

fax

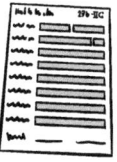

Formulor

formulář

Dokument

dokument

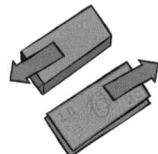

köpen
nakupovat

betahlen
zaplatit

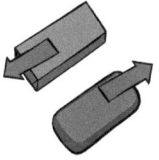

hanneln
jednat

Geld
peníze

Dollar
dolar

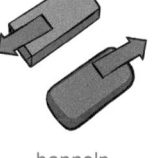

Euro
euro

Yen
jen

Ruvel
rubl

Swiezer Franken
frank

Renminbi Yuan
juan

Rupie
rupie

Geldautomat
bankomat

Wesselstuuv

směnárna

Gold

zlato

Sülver

stříbro

Ööl

olej

Energie

energie

Pries

cena

Verdrag

smlouva

Stüer

daň

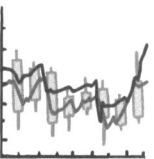

Andeelschien

akcie

arbeiden

pracovat

Anstellte

zaměstnanec

Arbeitgever

zaměstnavatel

Fabrik

továrna

Hökerie

obchod

Profeschonen
povolání

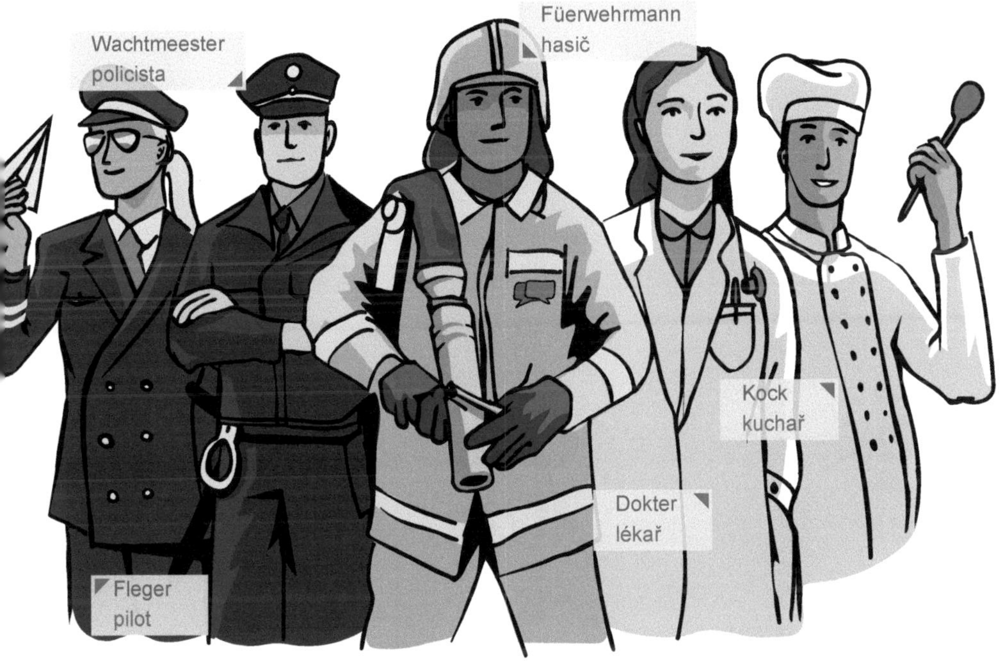

Wachtmeester
policista
Füerwehrmann
hasič
Kock
kuchař
Dokter
lékař
Fleger
pilot

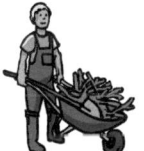

Goorner

zahradník

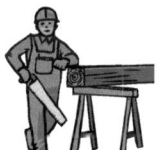

Discher

truhlář

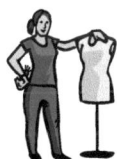

Neihersche

švadlena

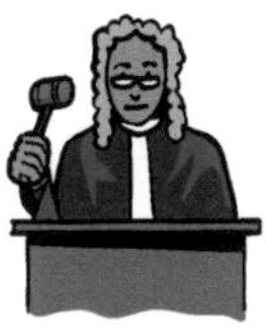

Richter

soudce

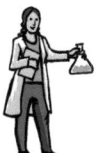

Chemiker

chemik

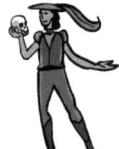

Schauspeler

herec

Busfohrer

řidič autobusu

Taxifohrer

řidič taxi

Fischer

rybář

Reinmaakfru

uklízečka

Dackdecker

pokrývač

Kellner

číšník

Jäger

myslivec

Maler

malíř

Bäcker

pekař

Elektriker

elektrikář

Buarbeider

stavební dělník

Ingenieur

inženýr

Slachter

řezník

Klempner

klempíř

Postbüdel

listonoš

Suldat

vojak

Architekt

architekt

Kasserer

pokladní

Florist

florista

Putzbüdel

kadeřník

Schaffner

průvodčí

Mechaniker

mechanik

Kaptein

kapitán

Tähndokter

zubař

Wetenschopler

vědec

Rabbi

rabín

Imam

imám

Mönk

mnich

Paap

duchovní

Warktüüch
nářadí

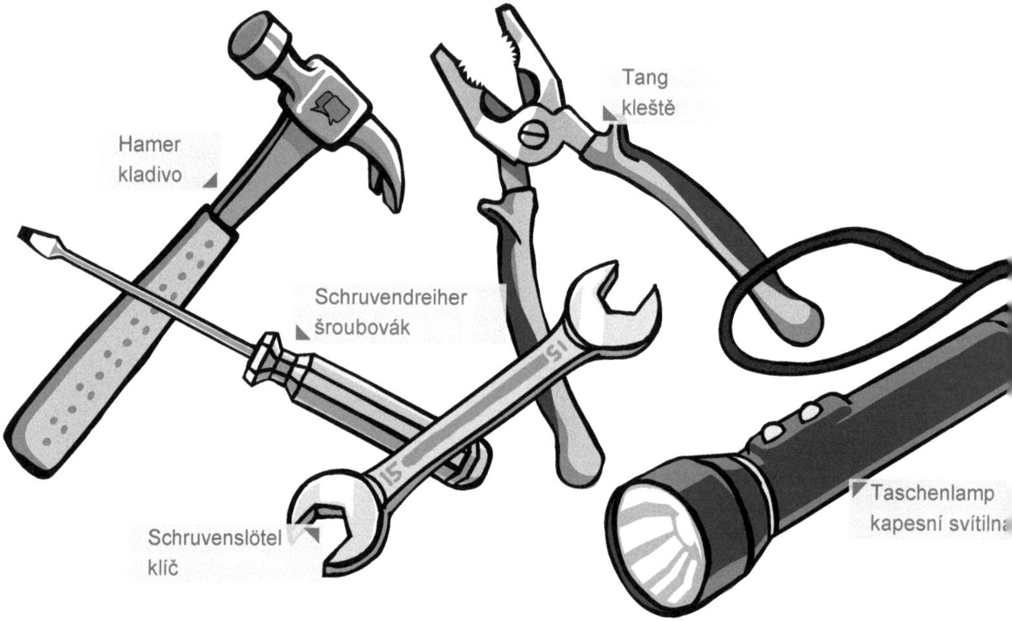
Hamer
kladivo
Tang
kleště
Schruvendreiher
šroubovák
Schruvenslötel
klíč
Taschenlamp
kapesní svítiln

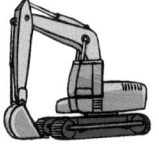

Grieper
bagr

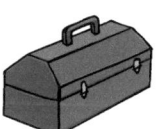

Warktüüchkassen
skříň na nářadí

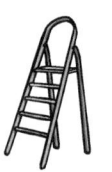

Ledder
žebřík

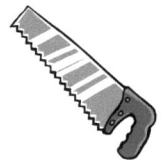

Saag
pila

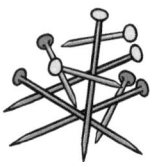

Nagels
hřebíky

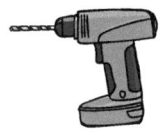

Bohrer
vrtačka

heelmaken
opravit

Schüffel
lopata

Schiet!
Kurva!

Kehrblick
lopatka

Farvpott
vědroé na barvu

Schruven
šrouby

Musikinstrumenten
hudební nástroje

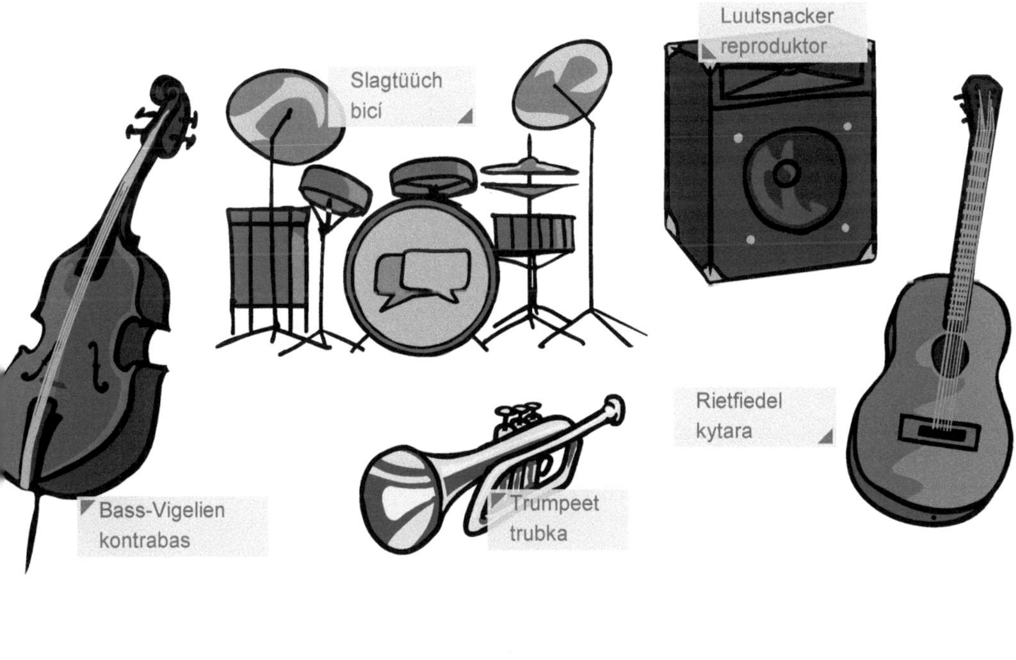

Slagtüüch
bicí

Luutsnacker
reproduktor

Rietfiedel
kytara

Bass-Vigelien
kontrabas

Trumpeet
trubka

Klaveer

klavír

Vigelien

housle

Bass

basa

Pauk

tympán

Trummeln

bubny

Keyboard

keyboard

Saxophon

saxofon

Fleut

flétna

Mikrofoon

mikrofon

Deertenpark

zoo

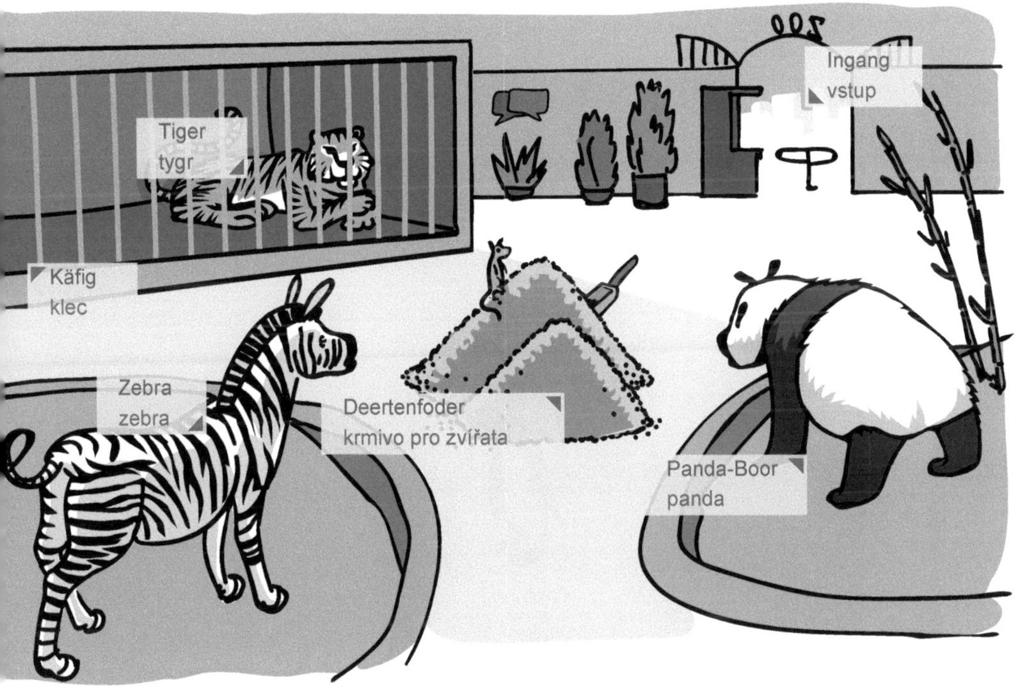

Ingang
vstup
Tiger
tygr
Käfig
klec
Zebra
zebra
Deertenfoder
krmivo pro zvířata
Panda-Boor
panda

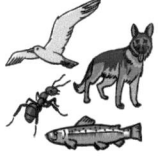

Deerten

zvířata

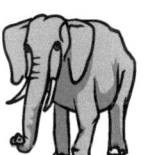

Elefant

slon

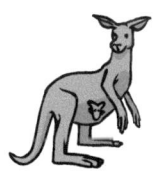

Känguru

klokan

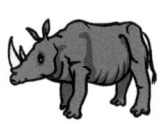

Neeshoorn

nosorožec

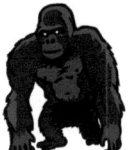

Gorilla

gorila

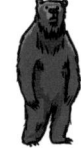

Boor

medvěd

Kameel

velbloud

Struuß

pštros

Lööv

lev

Aap

opice

Flamingo

plameňák

Papagoi

papoušek

lesboor

lední medvěd

Pinguin

tučňák

Haifisch

žralok

Pageluun

páv

Slang

had

Krokodil

krokodýl

Oppasser in'n Deertenpark

ošetřovatel zvířat

Saalhund

tuleň

Jaguor

jaguár

Pony

poník

Leopard

leopard

Nilpeerd

hroch

Giraff

žirafa

Aadler

orel

Wildswien

divoké prase

Fisch

ryby

Schildkrööt

želva

Walross

mrož

Voss

liška

Gazell

gazela

Amerikaansch Football
americký fotbal

Radfohren
cyklistika

Tennis
tenis

Korfball
košíková

Swümmen
plavání

Boxen
box

Ieshockey
lední hokej

Football
kopaná

Fedderball
badminton

Leichtathletik
lehká atletika

Handball
házená

Skilopen
běh na lyžích

Polo
vodní pólo

Aktivitäten
aktivity

lachen
smát se
springen
skočit
ümarmen
objímat
gahn
jít
singen
zpívat
drömen
snít
beden
modlit se
snuteln
políbit

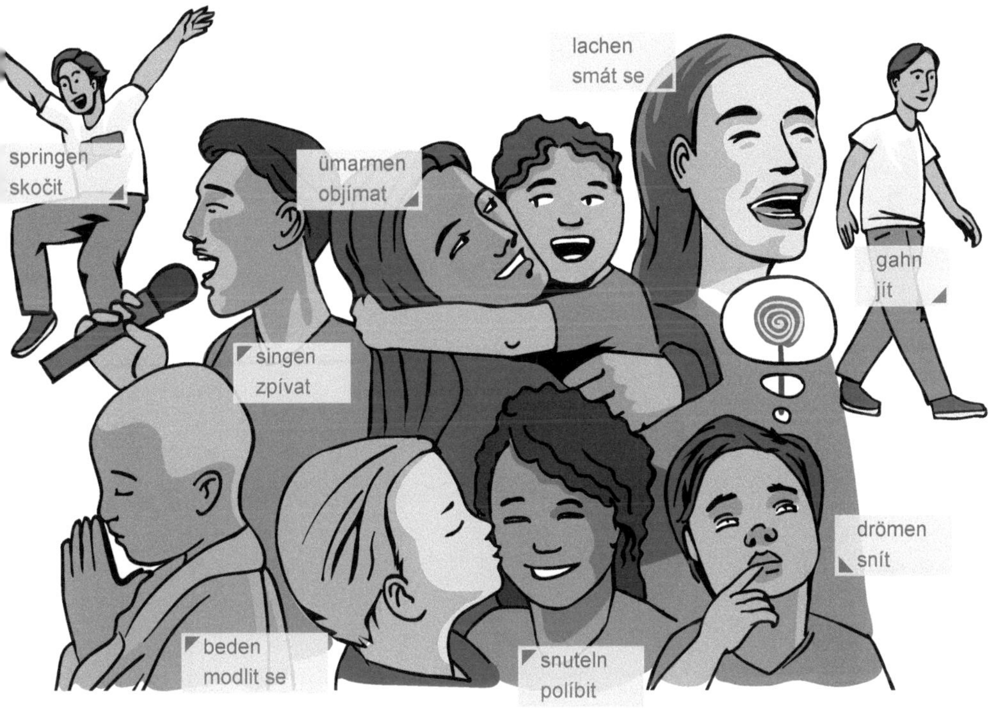

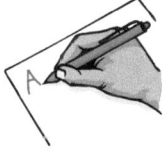

schrieven
psát

teken
kreslit

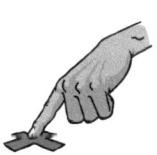

wiesen
ukazovat

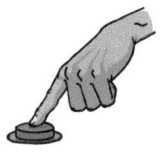

drücken
tlačit

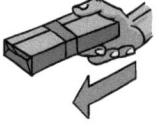

geven
dát

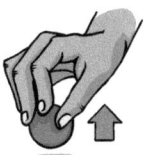

nehmen
vzít si

hebben
mít

doon
dělat

sien
být

stahn
stát

lopen
běhat

trecken
táhnout

smieten
hodit

fallen
padat

liggen
ležet

töven
čekat

dregen
nosit

sitten
sedět

antrecken
oblékat

slapen
spát

opwaken
vzbudit se

ankieken
prohlédnout si

wenen
plakat

eien
pohladit

kämmen
česat

snacken
hovořit

verstahn
rozumět

fragen
ptát se

hören
slyšet

drinken
pít

eten
jíst

oprümcn
uklidit

leefhebben
milovat

kaken
vařit

fohren
jet

flegen
letět

segeln

plachtit

reken

počítat

lesen

číst

lehren

učit se

arbeiden

pracovat

de Plünnen tohoopsmieten

vzít si

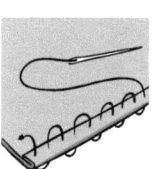

neihen

šít

Tähnen putzen

čistit si zuby

dootmaken

zabít

smöken

kouřit

schicken

poslat

Familje
rodina

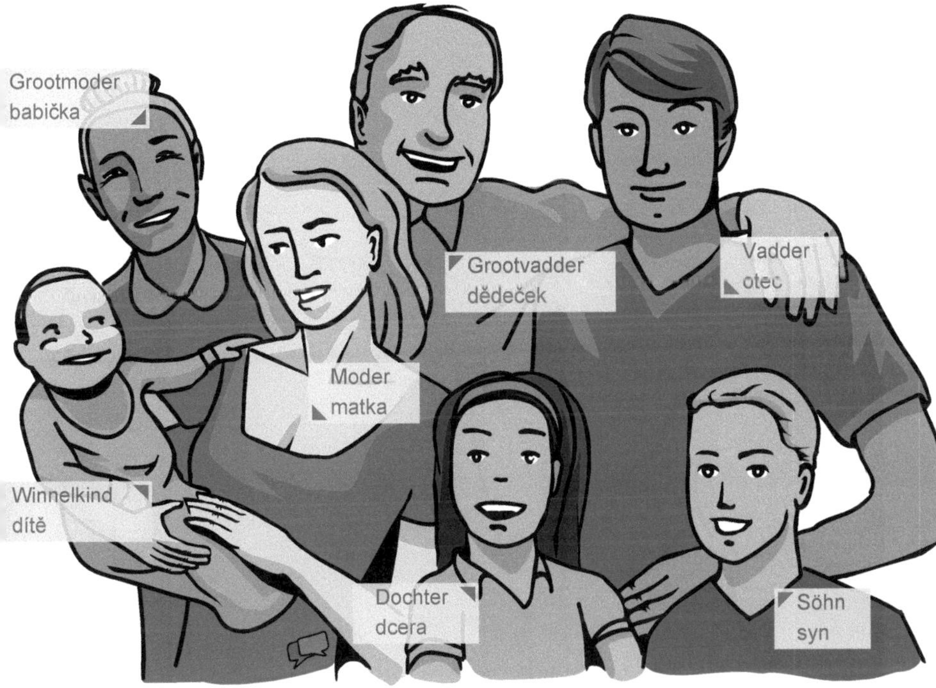
Grootmoder
babička
Grootvadder
dědeček
Vadder
otec
Moder
matka
Winnelkind
dítě
Dochter
dcera
Söhn
syn

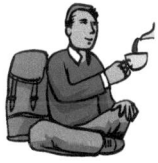

Gast
host

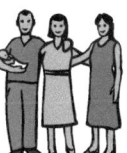

Tant
teta

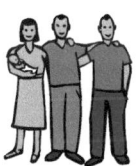

Unkel
strýc

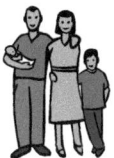

Broder
bratr

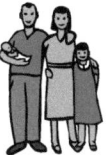

Süster
sestra

tělo

Vörkopp
čelo

Oog
oko

Schuller
rameno

Finger
prst

Gesicht
obličej

Kinn
brada

Hand
ruka

Bost
hruď

Been
dolní končetina

Arm
paže

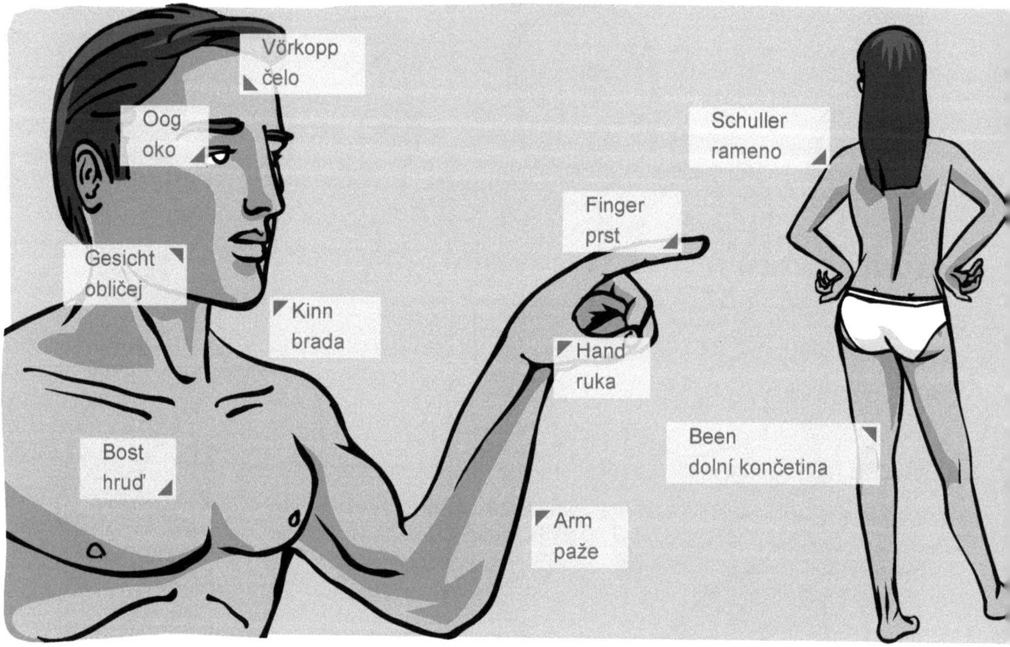

Winnelkind

dítě

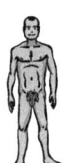

Mann

muž

Fro

žena

Deern

dívka

Jung

chlapec

Arm

hlava

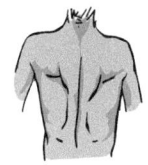

Rüch

záda

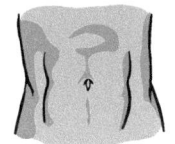

Buuk

břicho

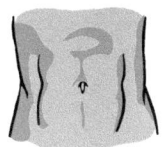

Navel

pupík

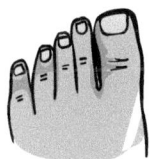

Teh

prst na noze

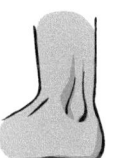

Hack

pata

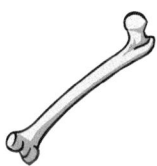

Knaken

kost

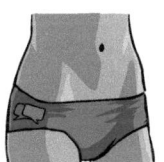

Hüft

bok

Knee

koleno

Ellbagen

loket

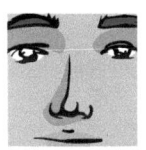

Nees

nos

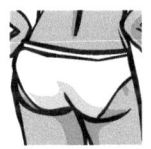

Achtersen

zadek

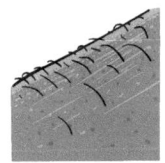

Huut

kůže

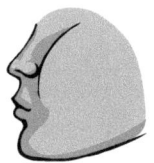

Back

tvář

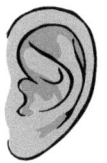

Ohr

ucho

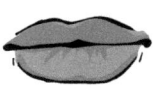

Lipp

ret

Mund

ústa

Tähn

zub

Tung

jazyk

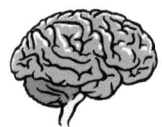

Bregen

mozek

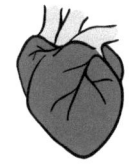

Hart

srdce

Muskel

sval

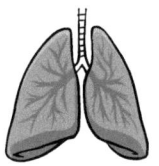

Lung

plíce

Lever

játra

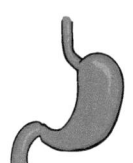

Maag

žaludek

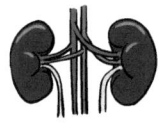

Neren

ledviny

Bislaap

pohlavní styk

Kondoom

kondom

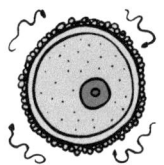

Eizell

vajíčko

Sperma

sperma

Anner Ümstänn

těhotenství

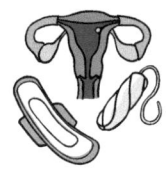

Menstruatschoon

menstruace

Scheed

vagina

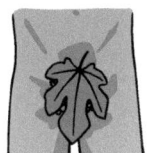

Pint

penis

Ogenbroe

oboči

Hoor

vlasy

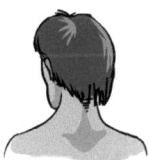

Hals

krk

Krankenhuus
nemocnice

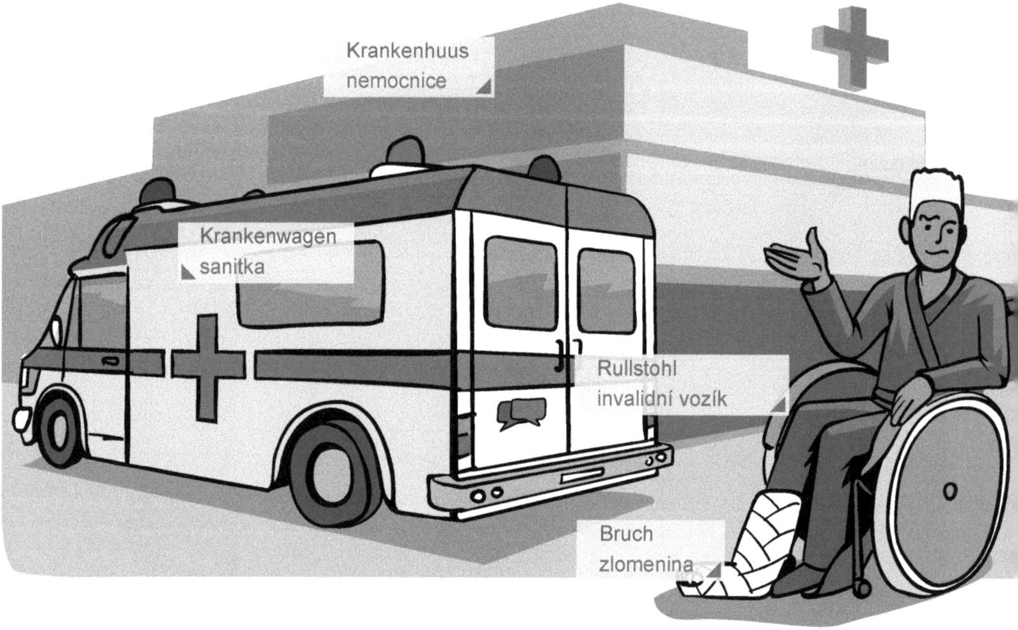

Krankenhuus
nemocnice
Krankenwagen
sanitka
Rullstohl
invalidní vozík
Bruch
zlomenina

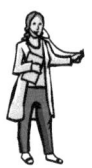

Dokter
lékař

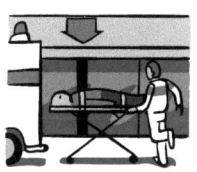

Nootopnahm
pohotovost

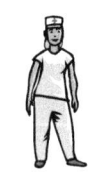

Krankensüster
zdravotní sestra

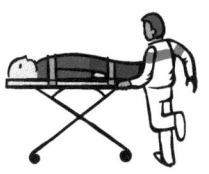

Nootfall
urgentní případ

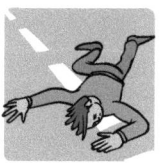

ahnmächtig
v bezvědomí

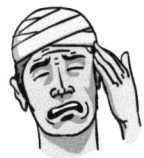

Wehdaag
bolest

Verwunnen

úraz

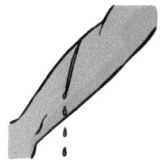

Blöden

krvácení

Hartinfarkt

infarkt myokardu

Slaganfall

cévní mozková příhoda

Allergie

alergie

Hoosten

kašel

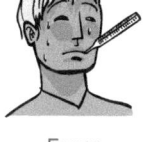

Fever

horečka

Gripp

chřipka

Dörchfall

průjem

Koppwehdaaq

bolest hlavy

Kreeft

rakovina

Zuckcrsüük

cukrovka

Chirurg

chirurg

Chirurgsch Mess

skalpel

Operatschoon

operace

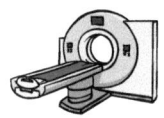

CT

CT

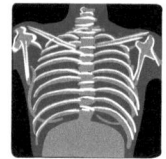

Dörchlüchten

rentgen

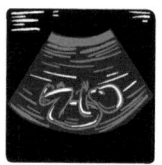

Ultraschall

ultrazvuk

Mask

maska

Krankheit

nemoc

Töövruum

čekárna

Krück

berle

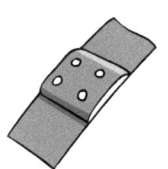

Plaaster

náplast

Verband

obvaz

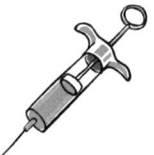

Insprütten

injekce

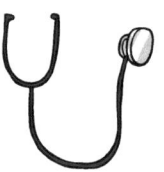

Stethoskop

stetoskop

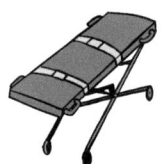

Draag

nosítka

Feverthermometer

teploměr

Geboort

porod

Övergewicht

nadváha

Höörapparat

naslouchátko

Kiemfriemiddel

dezinfekční prostředek

Ansteken

infekce

Virus

virus

HIV / AIDS

HIV / AIDS

Heelmiddel

lékařství

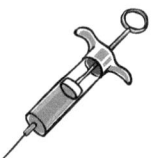

Impen

očkování

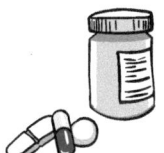

Tabletten

tablety

Pill

pilulka

Nootroop

tísňové volání

Blootdruck-Meter

tonometr

krank / gesund

nemocný / zdravý

Hölp!

Pomoc!

Alarm

poplach

Överfall

přepadení

Angreep

napadení

Gefohr

nebezpečí

Nootutgang

nouzový východ

Füer!

Hoří!

Füerlöscher

hasicí přístroj

Unfall

nehoda

Noothölpkoffer

zdravotnická brašna

SOS

SOS

Polizei

policie

Europa
....
Evropa

Noordamerika
....
Severní Amerika

Süüdamerika
....
Jižní Amerika

Afrika
....
Afrika

Asien
....
Asie

Australien
....
Austrálie

Atlantik
....
Atlantik

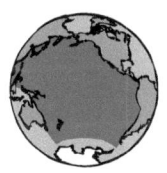

Pazifik
....
Pacifik

Indisch Weltmeer
....
Indický oceán

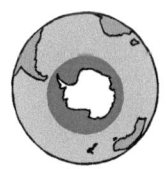

Antarktisch Weltmeer
....
Jižní ledový oceán

Arktisch Weltmeer
....
Severní ledový oceán

Noordpol
....
severní pól

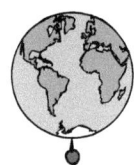

Süüdpol

jižní pól

Antarktis

Antarktida

Eerd

země

Land

pevnina

See

moře

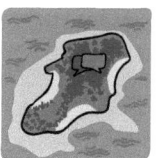

Eiland

ostrov

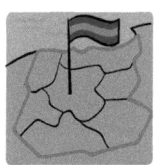

Natschoon

národ

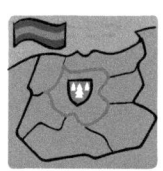

Staat

stát

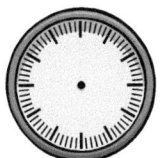

Tallenblatt

ciferník

Stunnenwieser

hodinová ručička

Minutenwieser

minutová ručička

Sekunnenwieser

vteřinová ručička

Wo laat is dat?

Kolik je hodin?

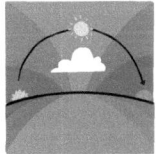

Dag

den

Tiet

čas

nu

teď

digetaalsch Klock

digitální hodinky

Minuut

minuta

Stunn

hodina

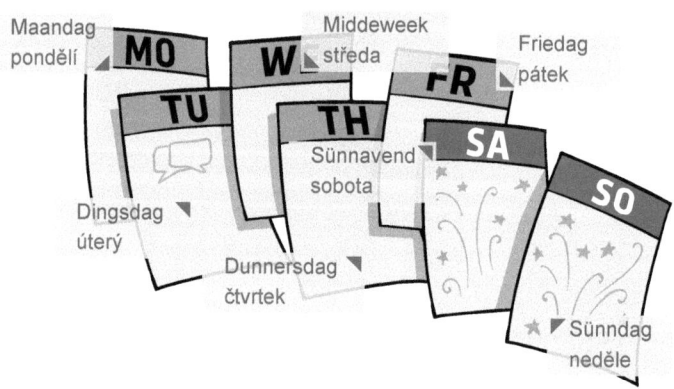

Maandag
pondělí

Middeweek
středa

Friedag
pátek

Dingsdag
úterý

Sünnavend
sobota

Dunnersdag
čtvrtek

Sünndag
neděle

güstern
....
včera

hüüt
....
dnes

morgen
....
zítra

Morgen
....
ráno

Meddag
....
poledne

Avend
....
večer

Arbeitsdaag
....
pracovní dny

Wekenenn
....
víkend

Johr

rok

Regen
déšť
Regenbagen
duha
Wind
vítr
Snee
sníh
Fröhjohr
jaro
Harvst
podzim
Sommer
léto
Winter
zima

4.APRIL 11°
5.APRIL 4°
6.APRIL 13°
7.APRIL 8°
8.APRIL 10°

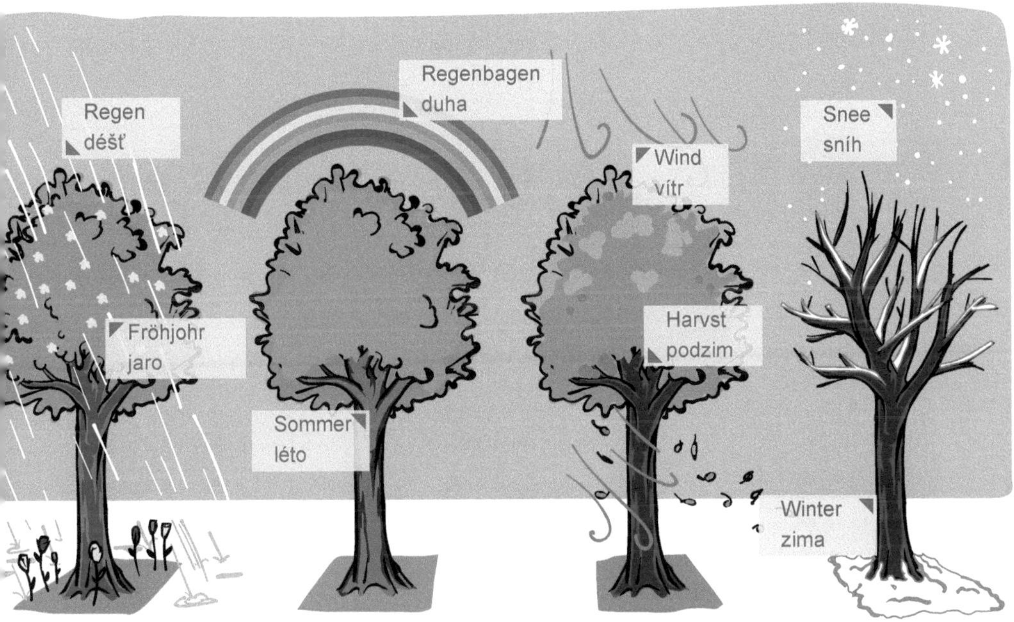

Wedervörhersaag

předpověď počasí

F
C
120
90
60
30
0
-30
40
30
20
10
0
-10
-20

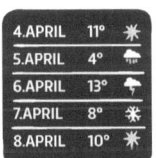

Thermometer

teploměr

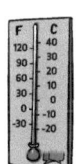

Sünnenschien

sluneční svit

Wulk

mrak

Nevel

mlha

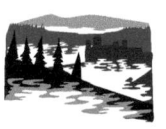

Luftfuchtigkeit

vlhkost

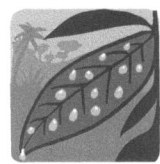

Blitz

blesk

Dunner

hrom

Storm

bouřka

Hagel

kroupy

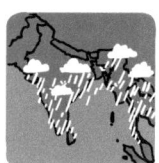

Monsun

monzun

Floot

povodeň

Ies

led

Januormaand

leden

Februormaand

únor

Martmaand

březen

Aprilmaand

duben

Maimaand

květen

Junimaand

červen

Julimaand

červenec

Augustmaand

srpen

Septembermaand
....
září

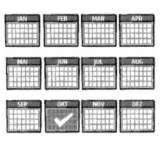

Oktobermaand
....
říjen

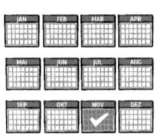

Novembermaand
....
listopad

Dezembermaand
....
prosinec

Formen

tvary

Krink
....
kruh

Quadrat
....
čtverec

Rechteck
....
obdélník

Dreeeck
....
trojúhelník

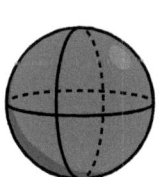

Kugel
....
koule

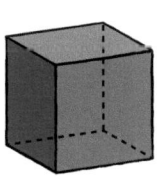

Wörpel
....
krychle

witt

bílá

geel

žlutá

orangsch

oranžová

pink

růžová

root

červená

lila

fialová

blau

modrá

gröön

zelená

bruun

hnědá

gries

šedá

swart

černá

veel / wenig

hodně / málo

böös / verdreeglich

rozzuřený / mírumilovný

smuck / mies

krásný / ošklivý

Begünn / Enn

začátek / konec

groot / lütt

velký / malý

hell / düüster

světlý / tmavý

Broder / Süster

bratr / sestra

schier / schietig

čistý / špinavý

kumpleet / nich kumpleet

úplný / neúplný

Dag / Nacht

den / noc

doot / lebennig

mrtvý / živý

breet / small

široký / úzký

geneetbor / nich geneetbor

jedlý / nejedlý

böös / fründlich

zlý / hodný

fickerig / langwielt

vzrušený / znuděný

dick / dünn

tlustý / hubený

toeerst / toletzt

nejdříve / naposledy

Fründ / Fiend

přítel / nepřítel

vull / leddig

plný / prázdný

hart / week

tvrdý / měkký

swoor / licht

těžký / lehký

Smacht / Döst

hlad / žízeň

krank / gesund

nemocný / zdravý

nich na't Recht / na't Recht

ilegální / legální

klook / dummerhaftig

inteligentní / hloupý

linkerhand / rechterhand

vlevo / vpravo

neeg / feern

blízko / daleko

nieg / bruukt
nový / použitý

nix / wat
nic / něco

oolt / jung
starý / mladý

an / ut
zapnutý / vypnutý

apen / slaten
otevřeno / zavřeno

lies / luut
tichý / hlasitý

riek / arm
bohatý / chudý

richtig / verkehrt
správný / špatný

ruug / glatt
drsný / hladký

truriq / glücklich
smutný / šťastný

kort / lang
krátký / dlouhý

suulje / flink
pomalý / rychlý

natt / dröög
vlhký / suchý

warm / köhl
teplý / chladný

Krieg / Freden
válka / mír

0	**1**	**2**
null	een	twee
nula	jedna	dva

3	**4**	**5**
dree	veer	fief
tři	čtyři	pět

6	**7**	**8**
söss	söven	acht
šest	sedm	osm

9	**10**	**11**
negen	teihn	ölven
devět	deset	jedenáct

12	**13**	**14**
twölf	dörteihn	veerteihn
dvanáct	třináct	čtrnáct

15	**16**	**17**
föffteihn	sössteihn	söventeihn
patnáct	šestnáct	sedmnáct

18	**19**	**20**
achtteihn	negenteihn	twintig
osmnáct	devatenáct	dvacet

100	**1.000**	**1.000.000**
hunnert	dusend	million
sto	tisíc	milion

Engelsch

angličtina

Amerikaansch Engelsch

americká angličtina

Chineesch Mandarin

standardní čínština

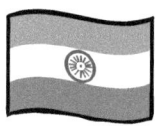

Hindi

hindština

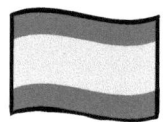

Spaansch

španělština

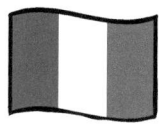

Franzöösch

francouzština

Araabsch

arabština

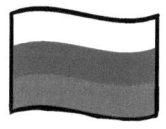

Rusch

ruština

Portugiesch

portugalština

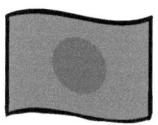

Bengaalsch

bengálština

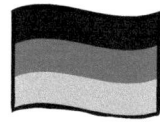

Düütsch

němčina

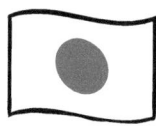

Japaansch

japonština

ik
já

du
ty

he / se / dat
on / ona / ono

wi
my

ji
vy

se
oni

keen?
Kdo?

wat?
Co?

woans?
Jak?

woneem?
Kde?

wannehr?
Kdy?

Naam
jméno

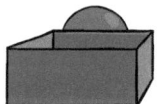

achter
....
za

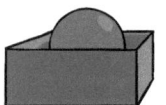

in
....
do

vör
....
z

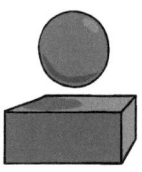

över
....
nad

op
....
na

ünner
....
mezi

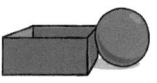

blangen
....
vedle

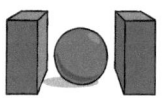

twüschen
....
mezi

Oort
....
místo